AF591664

PETRINE,
PARODIE
DE PROSERPINE.

Représentée pour la premiere fois par les Comédiens Italiens Ordinaires du Roi, le 13 Janvier 1759.

Le prix est de 30 sols avec la Musique.

A PARIS,
Chez N. B. DUCHESNE, Libraire, rue S. Jacques, au-dessous de la Fontaine S. Benoît, au Temple du Goût.

M. DCC. LIX.
Avec Approbation & Privilége du Roi.

ACTEURS.

MAdame PAINFRAIS, *Fermiere*,	M. Chanville.
PETRINE, *sa Fille*,	Me. Favart.
L'ECLUSE,	Mlle. Desglands.
FLAMMERON, *Maître de Forges*,	M. Rochard.
ROBINETTE, *Servante de ferme*,	Mlle. Susette.
CANICHON, *Maître Pêcheux*,	M. Marignan.
BONAVENTURE, *Messager*,	M. Desbrosses.
MATHURIN, *Valet de ferme.*	

Filles & Garçons de fermes, Forgerons, Bucherons & Bucheronnes.

PETRINE,

PARODIE.

SCENE PREMIERE.

Le Théâtre repréſente la ferme de Madame Painfrais.

Mme PAINFRAIS, BONAVENTURE.

Madame PAINFRAIS.

Air : *C'eſt Mademoiſelle Manon.*

H ! quoi, je vois ici Monſieur Bonaventure,
La fleur des meſſagers & le courier banal ?
Pour moi votre préſence eſt d'un charmant augure.

BONAVENTURE.

Je viens ici d'la part du Procureux Fiſcal.

Madame PAINFRAIS.

Se souvient il donc
Que de son cœur il m'a fait le don ?

BONAVENTURE.

Ma foi, s'il s'en souvient, il ne s'en souvient guere.
Il s'agit commere....

Madame PAINFRAIS.

De quoi ? Parlez, dépêchez.

BONAVENTURE.

De conduire du grain dans les marchés.
Marchez.

Il vous ordonne de partir à l'instant.

Madame PAINFRAIS.

Comment, il m'ordonne ! dites donc qu'il me prie.

BONAVENTURE.

Tout comme il vous plaira.

Madame PAINFRAIS.

Ah ! je vois bien qu'il ne m'estime plus.

BONAVENTURE.

Pardonnez moi, il vous regarde comme la perle des fermieres, des meunieres & des boulangeres ; en vertu de ça, il veut vous donner de nouvelles pratiques.

Madame PAINFRAIS.

Ah ! je ne me soucie plus de rien depuis que j'ai perdu la sienne : il me faisoit jadis l'honneur de se fournir chez moi.

Air : *Et , & , dans ç'coin-là , & , & , dans ç'coin-ci.*

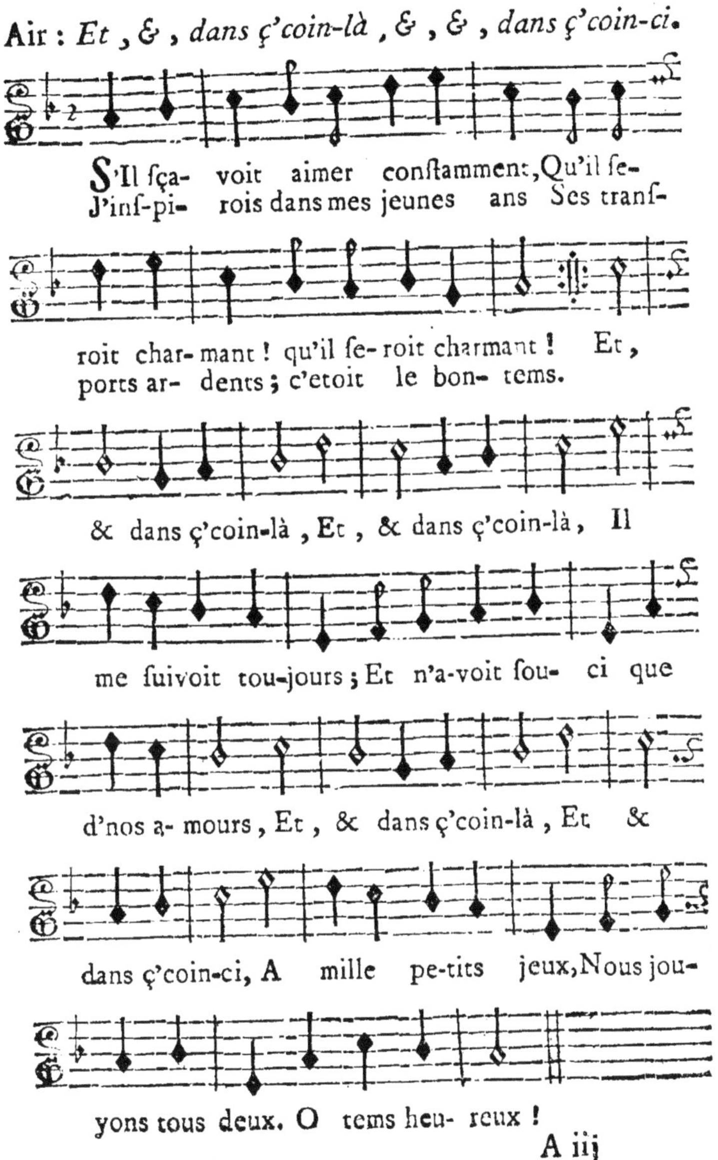

BONAVENTURE.

Eh ! que diable, Madame Painfrais, n'êtes-vous pas en âge de raiſon ; vous voulez qu'un Procureur Fiſcal chargé d'affaires, qui a femme & enfans, s'amuſe encore à vous conter fleurette.

Madame PAINFRAIS.

Pourquoi pas ?

BONAVENTURE.

Air : *Vous n'êtes pas égaux en égaux.*

Songez qu'il a tout le village,
Et ſa maiſon à gouverner.

Madame PAINFRAIS.

Il eut toujours autant d'ouvrage,
Que venez-vous me lanterner ?
N'avoit-il pas, ſans ſe gêner,
Dans ſon âge,
Du temps de reſte à me donner,
A me donner,
A me donner ?

BONAVENTURE.

Air : *Rli, rlan.*

Il faut qu'il ait de la réſerve,
Il doit penſer en homme mûr ;
Il a ſa femme qui l'obſerve,
De la tromper il n'eſt pas ſûr.

Madame PAINFRAIS.

N'eſt-il pas maître de ſa femme ?
Le conduit-on comme un enfant ?
Rli, rlan, rli, rlan,
Je menerois la bonne Dame
Rlan tanplan, tambour battant.

BONAVENTURE.

Peſte ! comme vous allez ! mais encore une fois laiſſez-là cet amour antique dont vous m'entretenez mal à propos. Allons, au fait ; executez ce que M. Crinifer, le Procureur Fiſcal, vous commande.

Madame PAINFRAIS.

Eh ! bien ! dites-lui que je pars dans la minute, & qu'il n'y a rien que je ne faſſe pour lui plaire.

BONAVENTURE *en ſortant.*

Soit. Bon voyage. La folle !

Madame PAINFRAIS.

L'impertinent !

SCENE II.

Mme PAINFRAIS, Mlle L'ECLUSE.

Madame PAINFRAIS.

AH ! voici Mademoiſelle l'Ecluſe : venez ça, gentille bateliere, je ſuis obligée d'aller à la ville ; je laiſſe ici ma chere fille Petrine, vous aurez l'œil fur elle.

Mlle. L'ECLUSE.

Et qui eft-ce qui aura l'œil fur moi? Tenez, ma commere, emmenez-moi avec vous; je cours ici trop de rifque.

Madame PAINFRAIS.

Comment?

Mlle. L'ECLUSE.

Vous connoiffez bien M. Canichon, le Maître Pêcheux.

Madame PAINFRAIS.

Eh! bien?

Mlle. L'ECLUSE.

Il eft venu me trouver dans ce village; il m'aime, & je veux le fuir.

Madame PAINFRAIS.

Air : *Ne v'là-t-il pas que j'aime?*

Fuir à votre âge un amoureux!
Bon! bon! vous voulez rire.

Mlle. L'ECLUSE.

Commere, il eft trop ennuyeux.

Madame PAINFRAIS.

Oh! je n'ai plus rien à dire.

Mlle. L'ECLUSE.

Air : *Partez d'abord.*

Mon cœur infenfible,

Pour fuir cet amant,
A fait l'impossible ;
Mais c'est vainement.
Dès que l'on sort,
Il part d'abord
Avec audace ;
Plus on le fuit,
Plus il poursuit,
Sans s'arrêter ;
Et je suis bien lasse....

Madame PAINFRAIS.

De lui résister.

Mlle. L'ECLUSE.

Air : *Tout roule aujourd'hui dans le monde.*

De Boulogne à la Grenouillere,
De la Grenouillere à Saint Cloud,
Sur la terre & sur la riviere,
Enfin je l'ai trouvé partout.

Madame PAINFRAIS.

Eh! mais, mais, c'est pis qu'une rage.

Mlle. L'ECLUSE.

Pour fuir ses ennuyeux propos,
Je me suis jettée à la nage,
Il m'a suivie entre deux eaux.

Enfin j'ai été chercher un asyle jusques dans la sombre demeure de M. Flamron, l'Entrepreneur des Forges. Eh! bien! eſt-ce que le galant Canichon n'eſt pas encore venu m'y trouver!

Madame PAINFRAIS.

Air : *La nuit quand j'penſe à Jeannette.*

Mais c'eſt être bien cruelle,
Quoi! toujours fuir un amant!
Vous voulez être un modele.

Mlle. L'ECLUSE.

Je crains un engagement.

Madame PAINFRAIS.

La, parlez-nous ſans fineſſe :
Lorſque de la ſorte on fuit,
On annonce ſa foibleſſe
A l'Amant qui nous pourſuit.

Mlle. L'ECLUSE.

Ah! il eſt vrai, ma commere, que je ſuis foible, & Monſieur Canichon plus dangereux qu'on ne penſe. Sitôt qu'il me parle, il m'endort; & vous ſçavez qu'une fille ne peut plus répondre de ſa vertu lorſqu'elle eſt endormie.

Madame PAINFRAIS.

En ce cas je vous conſeille de ne le

voir qu'en particulier, il n'eſt pas néceſſaire qu'il endorme auſſi le Public. Vous pourrez le recevoir chez moi, diſpoſez de ma maiſon.

Mlle. L'ECLUSE.

Que dites-vous donc, ma commere !

Madame PAINFRAIS.

Eh ! la, la, ne faites plus l'hypocrite.

Même air que le Couplet de la page précédente.

Ayez ſoin de ma fille,
Elle eſt ſimple & gentille,
Accompagnez par-tout ſes pas;
Mais chut, ne lui redites pas
Qu'il faut ſe laiſſer enflammer,
Quand on eſt en âge d'aimer.

Adieu, je vais annoncer mon départ à Petrine.

SCENE III.

Mlle. L'ECLUSE *ſeule.*

MAdame Painfrais eſt ſinguliere, elle me conſeille d'écouter un amant, & me donne ſa fille à garder, cela ne s'accorde pas. Oh! je ſuis ſa ſervante, j'ai trop de peine à me garder moi-même.

Air : *Ziſte, zeſte, & zon, zon, zon.*

Que c'eſt un ſuplice bien rude
De reſiſter à ſes deſirs!
Aimer & blâmer ſes plaiſirs,
C'eſt un métier de prude.
Ah! voilà déjà Canichon!
Fuirai-je encor; mais ſi je reſte;
Ziſte, zeſte,
Zon, zon, zon,
J'ai plus d'amour que de raiſon.

SCENE IV.

CANICHON, Mlle. L'ECLUSE.

CANICHON.

Air : *Va, va, Fanchon.*

Si c'est com' ça, Mam'selle, je me r'tire ;
J'n'aurons pu rien ensemble à démêler.
Ç'que j'vous dis-là, c'est pour ne plus vous l'dire ;
J'vous parle ici, pour ne vous plus parler.

Mlle. L'ECLUSE.

Air : *Mon p'tit cœur.*

Ce discours m'étonne fort.

CANICHON.

J'vous aimois & v'là qu'ça s'passe ;
Oui, j'allons r'virer de bord,
Mon cœur étoit dans la nasse,
Les filets en sont rompus.

Mlle. L'ECLUSE.

Canichon.

CANICHON.

Tout ça me lasse,
V'là trop de moments perdus.

Mlle. L'ECLUSE.

Hélas ! vous n'm'aimez plus.

CANICHON.

Non, morgué, & j'allons aimer Petrine ; il y a du pain à manger avec elle ; il n'y a que de l'iau à boire avec vous.

Mlle. L'ECLUSE.

Air : *Ma Fanchon, ne pleurez pas.*

Mais, tu n'y gagneras rien.

CANICHON.

Eh ! bien, rendez-nous ſervice,
Vous parlerez pour moi.

Mlle. L'ECLUSE.

Fort bien ;
Moi, me charger d'un tel office !

CANICHON.

Vous vous déf'rez d'un ennuyeux.

Mlle. L'ECLUSE.

Je ſçais un moyen qui vaut mieux. (*bis.*)

Air : *Marions, marions-nous.*

Tu me ſuivois malgré moi
Aux bois, aux champs, à la ville ;
Pour me défaire de toi,
Il eſt un ſecret facile :
Marions, marions, marions-nous,
Tu me laiſſeras tranquille :
Marions, marions, marions-nous,
On ſe quitte étant époux.

CANICHON.

Eh ! ſarpejeu, v'là qui s'appelle parler en brave fille.

Air : *Ah ! si t'en tat', si t'en gout', si t'en as.*

Mlle. L'ECLUSE & CANICHON.

DUO.

Ne cherchons plus d'inutiles détours,
Nous faisons bien d'abréger nos amours :
Nous ennuirions par de plus longs discours :
Pour être heureux, les amants de nos jours
Prennent toujours
Les chemins les plus courts.

SCENE V.

PETRINE, Mlle. L'ECLUSE, CANICHON.

PETRINE.

Air : *Hélas ! tu t'en vas !*

MAMAN s'en va donc ?
Et sans qu'elle m'emmene,
Ça m'fait de la peine.
Maman s'en va donc ?
Et m'laisse à la maison.

Mais c'est... c'est, dit-on,
Que l'air de la ville
N'est pas.... n'est pas bon
Pour fille nubile.

Maman s'en va donc &c.

Que

Que ferai-je ſans elle ?
Quelle abſence cruelle !

Mlle. L'ECLUSE.

Nous vous conſolerons.

PETRINE.

Que ferai-je ſans elle ?

Mlle. L'ECLUSE.

Comptez ſur notre zele.

CANICHON.

Nous vous amuſerons.

PETRINE.

Maman s'en va donc &c.

Mlle. L'ECLUSE.

Allez, allez, ne craignez rien, j'aurai ſoin de vous, moi ; que vous êtes ſimple ! Il y a tant de filles qui ſe réjouiſſent de l'abſence de leurs meres ; mais voici la vôtre : chantons, pour lui marquer combien ſon départ nous afflige.

L'ECLUSE, CANICHON, PETRINE.

Air : *Le cul dans une hotte.*

{Ma mere,
{Commere, entendez les cris
De nos cœurs attendris ;

Vous vous en allez à Paris
Aſſiſe dans une hotte ;
Adieu, Jeux, & Ris,
L'ennui ſera notre hôte.

SCENE VI.

PETRINE, Mlle. L'ECLUSE, CANICHON, Mme. PAINFRAIS *dans ſa charette ſuivie des Valets & Servantes.*

Madame PAINFRAIS.

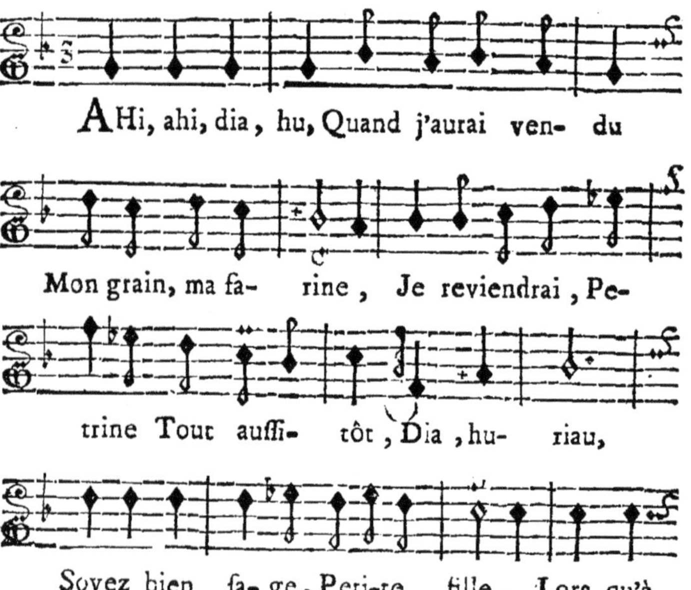

votre â- ge L'on trotte & ba- bil-le, On

pleure un tems per- du, Et ſouvent la ver-

tu, Ahi, dia, hu.

Air : *Adieu donc, Dame Françoiſe.*

CHŒUR.

Adieu donc, notre bourgeoiſe,
Allez vendre votre grain.

Mlle. L'ECLUSE.

Quand on s'attarde en chemin ;
Souvent quelqu'un cherche noiſe,
Revenez plutôt demain,
Revenez plutôt demain.

CHŒUR.

Adieu donc, notre bourgeoiſe,
Allez vendre votre grain.

Madame Painfrais ſort.

SCENE VII.

CÁNICHON, PETRINE, Mlle. L'ECLUSE, *Valets & Servantes de Madame Painfrais.*

CANICHON.

Air : *Par ma foi, l'eau m'en vient à la bouche.*

Puiſqu'ici n'eſt plus notre maitreſſe,
Danſons tous & réjouiſſons nous.

CHŒUR.

Puiſqu'ici n'eſt plus notre maitreſſe,
Danſons tous & réjouiſſons nous.

Mlle. L'ECLUSE.

Profitez du temps qu'elle vous laiſſe ;
Aujourd'hui c'eſt campo pour vous.

CANICHON.

Allons, gai, faiſons carillon
A faire trembler la maiſon.

CHŒUR.

Puiſqu'ici &c.

Les Valets & Servantes de la Ferme dreſſent une table, apportent des brocs de vin & de quoi manger. On danſe, la maiſon tremble, la table tombe.

PETRINE.

Air : *Quand je bois du vin clairet.*

Arrêtez, arrêtez-vous,
Tout tremble ;
La maiſon tombe ſur nous,
Sauvons-nous, ſauvons-nous tous.

Le Théâtre représente le Jardin de Madame Painfrais.

SCENE VIII.

Mlle. L'ECLUSE, CANICHON.

Mlle. L'ECLUSE.

IL faut avouer qu'on a fait faire à Madame Painfrais un voyage bien profitable.

CANICHON.

Sarpejeu, elle trouvera de la besogne bien faite à son retour ; mais que vois-je ? c'est M. Flamron, l'Entrepreneur des forges.

SCENE IX.

Mlle. L'ECLUSE, CANICHON, FLAMRON.

FLAMRON.

Air : *Belle Brune, que j'adore.*

MOI qui fus toujours si sage,
J'ai trouvé, pour mon malheur,
Une fille de village

Qui m'a dérobé mon cœur. (*bis.*)

Tout d'abord qu'on l'envisage,
On se sent comme un tison;
Si mon cœur est son partage,
Le sien m'en fera raison. (*bis.*)

Air : *Bon jour, Mamsel' Javotte.*

Bonjour, Mamsel' l'Ecluse.

Mlle. L'ECLUSE.

Bonjour, Monsieur Flamron.

FLAMRON.

Permettez que j'en use
Avec vous sans façon:
Ah! s'il vous plaît,
Faites-moi voir Petrine,
Chacun me dit que c'est
Une Beauté divine.

Mlle. L'ECLUSE.

Air : *La rareté.*

De la jeune Petrine il est vrai que l'on vante
La beauté,
A peine elle a quinze ans; mais c'est une innocente.

FLAMRON.

La rareté!
Innocente à quinze ans! Ah! ton récit augmente
Ma curiosité.

Mlle. L'ECLUSE.

Air : *Amis, sans regretter Paris.*

Ne comptez plus sur mon appui,
Je suis sa gouvernante.

CANICHON.

Plus d'une Bonne est aujourd'hui
D'humeur plus complaisante.

Mlle. L'ECLUSE.

Petrine évite avec soin les Messieurs les mieux frisés, les mieux poudrés ; jugez combien un Forgeron lui paroitroit étrange.

FLAMRON.

Air : *Un mouvement de curiosité.*

Fais-la moi voir, hélas ! je t'en conjure.

Mlle. L'ECLUSE.

Non, je ferois une infidelité.

FLAMRON.

Obéis moi.

Mlle. L'ECLUSE.

Ce ton poli me rassure,
Et mon devoir cede à votre volonté.
Promettez-vous....

FLAMRON.

Ce n'est, je te le jure,
Qu'un mouvement de curiosité.

Air : *Pan, pan, pan.*

Amene-moi promptement
Cette fille
Si gentille.

Mlle. L'ECLUSE.

Il faut agir prudemment.

FLAMRON.

Amene-la promptement.

Mlle. L'ECLUSE.

Cachez-vous tout doucement
Sous cette épaisse charmille.

FLAMRON.

Que je la voye un moment,
Il ne m'importe comment.

SCENE X.

FLAMRON, CANICHON.

FLAMRON.

Et toi, reste en attendant.
Pour Petrine mon cœur grille,
Et toi, reste en attendant,
Je te prends pour confident.

CANICHON.

Eh ! bien, voyons, je gage que vous êtes amoureux de Petrine.

FLAMRON.

Tu l'as deviné.

CANICHON.

Contez nous donc ça,

FLAMRON.

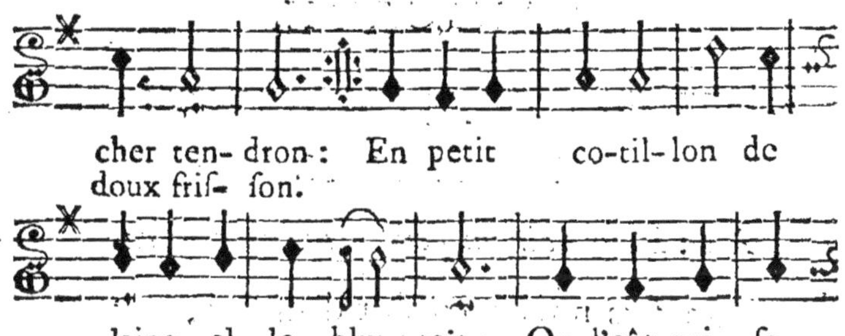

Le tendre incarnat d'une roſe
La coloroit ;
J'ai vû ſa bouche demi-cloſe
Qui ſoupiroit ;

L'amour faiſoit briller ſa flamme
Dans ſes beaux yeux ;
Mais je la ſentois dans mon ame
Encor bien mieux.

CANICHON.

Tatigué, not' bourgeois ; comme vous prenez feu ! mais en quoi puis-je vous ſervir ?

FLAMRON.

Je n'en ſçais rien.

CANICHON.

Comment vous y prendrez vous ?

FLAMRON.

Air : *Pour voir un peu comment ça ſ'ra.*

Je ſuis novice en fait d'amour,
C'eſt la premiere fois que j'aime ;
Je ne ſçais point faire ma cour,
Mais j'imagine un ſtratagême ;
Petrine vient, cachons-nous là,
Pour voir un peu comment ça ſ'ra.

SCENE XI.

PETRINE, Mlle. L'ECLUSE, ROBINETTE & suite.

PETRINE.

Air : *Allons danser sous ces ormeaux.*

AMusons-nous par des chansons,
Et sur l'herbette
Joliette
Rions, courons, sautons, dansons ;
Mais entre nous point de garçons.

(*On danse.*)

PETRINE.

C'est assez dansé, mes bonnes amies.

Mlle. L'ECLUSE.

Oui, jouons à de petits jeux.

ROBINETTE.

A la Climusette.

Mlle. L'ECLUSE.

Non, non, à Colin-Maillard.

PETRINE.

Oui, oui, jouons, jouons : qui est-ce qui le sera ? Voyons.

Un I, un L, ma tante Michell',
Des raves, des choux,
Des figues nouvell',
Des raisins doux.

Mlle. L'ECLUSE.
C'est vous.

Air : *Gare le pot au noir.*

Mlle. L'ECLUSE.

Oui, oui, que rien ne t'inquiette.

(Petrine joue à Colin-Maillard avec sa suite.

PETRINE.

Air : *Gare le pot au noir.*

Qu'on ne me fasse aucune niche ;
Tenez, çela n'est pas du jeu,
Je n'en suis plus, si l'on me triche.

FLAMRON *à part dans le fond du Théâtre.*

C'est trop longtemps cacher mon feu.
(*Bas aux filles de la suite de Petrine.*)
Que l'on me donne de l'escare,
à part. Tout favorise mon espoir.

CHŒUR DE FILLES.

Gare, gare, gare, gare
Gare le pot au noir.

(*Toutes les filles prennent la suite.*)

SCENE XII.

PETRINE, Mlle. L'ECLUSE, ROBINETTE, FLAMRON *& suite de Flamron.*

FLAMRON *bas à sa suite.*

Air : *Toujours seule, disoit Nina.*

SECONDEZ mes vœux les plus doux,
Mes amis, montrez-vous
Tous.

PETRINE.

Paix.... J'entends...

FLAMRON *bas.*

Elle ne voit rien.

PETRINE *saisissant Flamron.*

Pour le coup je le tien
Bien.

FLAMRON *contrefaisant sa voix.*

Je n'ai garde de m'échapper.

PETRINE.

Qu'est-ce que je viens d'attraper ?
C'est Jeanneton,

(*Flamron l'embrasse.*)

Oh ! finis donc ,
Oui , te voilà , te voilà ,
(*Petrine ôte son bandeau & fait un cri d'effroi.*)
Ah !

Air : *Examinez sa grace.*

Arrête temeraire ,
Ma mere , ma mere ,
Hélas ! quel embarras !

FLAMRON.

Ta mere n'entend pas , (*bis.*)
Ta mine a sçu me plaire.

PETRINE.

Ma mere , ma mere ,
Ah ! ne m'approchez pas ; (*bis.*)

Ensemble.

FLAMRON.

Il faut suivre mes pas. (*bis.*)

PETRINE.

Oh ! laissez-moi , laissez-moi ,
Dame ,
L'effroi glace mon ame.

FLAMRON.

Pour toi l'amour m'enflamme.

PETRINE.

Ensemble. { Ah ! ne m'approchez pas. (*bis.*)

FLAMRON.

Il faut suivre mes pas. (*bis.*) }

Ensemble. { Petite Petrinette, Petrinette,
Je meurs d'amour pour toi.

PETRINE.

Ma chere Robinette, Robinette,
Hélas, secourez moi. }

FLAMRON.

Ensemble. { Petite Petrinette, Petrinette,
Je meurs d'amour pour toi.

PETRINE.

Ma chere Robinette, Robinette,
Hélas, c'est fait de moi. }

SCENE

SCENE XIII.

FLAMRON, PETRINE, ROBINETTE.

ROBINETTE.

Air : *Il eſt pris, il eſt pris.*

QUELLE inſolente audace.

FLAMRON.

Marchez.

PETRINE.

Laiſſez, laiſſez-moi de grace.

ROBINETTE & PETRINE.

Quelle inſolente audace.

FLAMRON.

Suivez-nous en douceur,

Enſemble. { Mon p'tit cœur, &c.
PETRINE & ROBINETTE.
Au voleur, au voleur, au voleur.

FLAMRON.

Toi, ſi tu ne te tais,
Apprend qu'j'ai des ſecrets
Pour te rendre diſcrette.
Morbleu
Pour peu

Qu'ta langue caquette,
Je te rendrai muette.
Suivez-nous en douceur,

Ensemble. { Mon p'tit cœur, mon p'tit cœur.
PETRINE & ROBINETTE.
Au voleur, au voleur, au voleur. }

SCENE XIV.

Le Théâtre repréſente la ferme de Madame Painfrais.

Madame PAINFRAIS.

Air : *Je vais revoir ma petite Petrine.*

JE vais revoir ma petite Petrine,
Elle eſt gentille, elle eſt peu fine,
Et l'Amour eſt bien ſéducteur ;
Je ſçais trop par mon propre cœur
Tout ce qu'on riſque ſans ſa mere :
Ah ! ſi ma fille eſt plus ſévere, } *(bis.)*
Nous aurons bien du bonheur. }

Air : *Ah ! ah ! ah ! venez-y toutes.*

Petrine, hola ! Petrine.
Me reçoit-on ainſi ?
Viens ici.
Petrine.... La coquine
A quitté la maiſon.

Aux Valets & Servantes de la Ferme.

Venez tous, accourez vîte,
Qu'avez-vous fait de ma petite ?
Répondez moi donc,
Mais, mais, répondez moi donc.

SCENE XIV.

Madame PAINFRAIS, ROBINETTE;
Garçons & Filles de la ferme.

CHŒUR DE GARÇONS & FILLES.

Air : *Gros nez.* Canon.

HÉLAS ! hélas !
O trop malheureuse mere !
Vous ne la reverrez pas.

ROBINETTE.

Air : *Ma mie Margot.*

Avec noirceur,
Un ravisseur
D'une effroyable mine,
Hélas !
D'entre nos bras,
Vient d'enlever Petrine :
Hélas !

ENSEMBLE.

Vient d'enlever Petrine.

Madame PAINFRAIS.

Air : *Je viens devant vous.*

Quoi ? ma fille ! ... ô Dieux ! quelle disgrace !
Tout mon sang se glace.

ROBINETTE.

Je sens vos regrets,
Et je voudrois être à sa place,

Tant mon triste cœur
Est sensible à votre douleur.

Madame PAINFRAIS.

Et quel est... quel est ce téméraire ?
Répondez, ma chere.

ROBINETTE.

Air : *Des Trembleurs.*

Non, Madame, je n'ai garde,
Un peu trop je me hazarde ;
Car si je suis babillarde
Je ne pourai plus parler.
Ce méchant croqueux d'poulettes
Sçait par des ruses secrettes
Rendre les filles muettes :
Ce malheur me fait trembler.

Adieu, adieu. (*En sortant.*)

Madame PAINFRAIS.

Air : *Baise-moi donc, me disoit Blaise.*

Jusqu'à quel point le sort m'afflige !
Hélas, hélas ! ma fille, que ne puis-je
Partager au moins ton malheur !
Au lieu de m'ôter ce que j'aime,
Ah ! scélérat de ravisseur !
Que ne m'enlevois-tu moi-même !

Allons, allons, *que tout se ressente de la fureur que je ressens.*

Air : *Jupin de grand matin.*

Ah ! l'on va me reconnoître ;
Dans mon dépit
Je n'ai point de répit.
Par la f'nêtre

Morbleu je vais
Jetter mes effets
Et moi-même après.
Un traitre, un ſuborneur
M'ôte l'honneur !
Puniſſons l'attentat
Du ſcelerat.
Faiſons avec éclat
Un grand ſabat,
Que tout ſans deſſus deſſous,
Soit chez nous :
Embraſons ma maiſon
Comme un tiſon ;
Il faut tout ravager,
Tout ſaccager.
On oſe m'outrager,
Je me ruine pour m'en venger.

Air : *Dans nos ormeaux.*

Mettons en feu
Mon moulin & ma grange.

Elle va allumer à ſon four deux torches de paille, & met le feu à la maiſon.

MATHURIN.

Ah ! ſon cerveau ſe dérange,
Attendez un peu.

Madame PAINFRAIS.

Non, non, morbleu.

MATHURIN.

Rien n'eſt plus ridicule,
Ça paſſe le jeu.
Au feu, au feu,

V'là sa maison qui brule,
Au feu, au feu, au feu.

CHŒUR.

Au feu, au feu, au feu.

SCENE XV.

Le Théâtre représente une Forêt obscure, & dans le fond une forge dont on voit sortir la flâme.

PETRINE.

Air : *Un jour Nicodême.*

AH ! grand Dieux ! je tremble, *4 fois.*
Dans ces lieux déserts.
Hélas ! il me semble (*bis.*)
Me voir aux Enfers.

Air : *Menuet nouveau.*

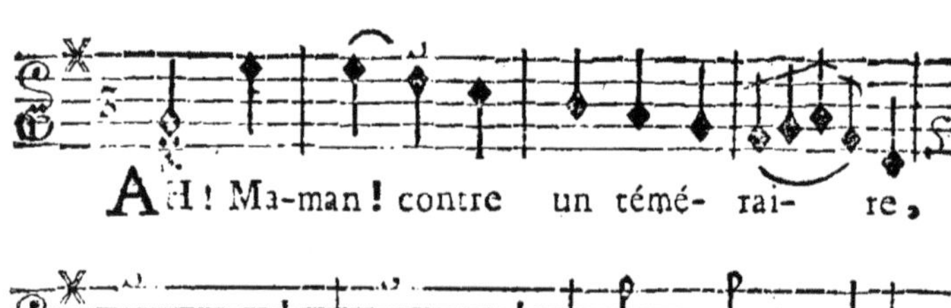

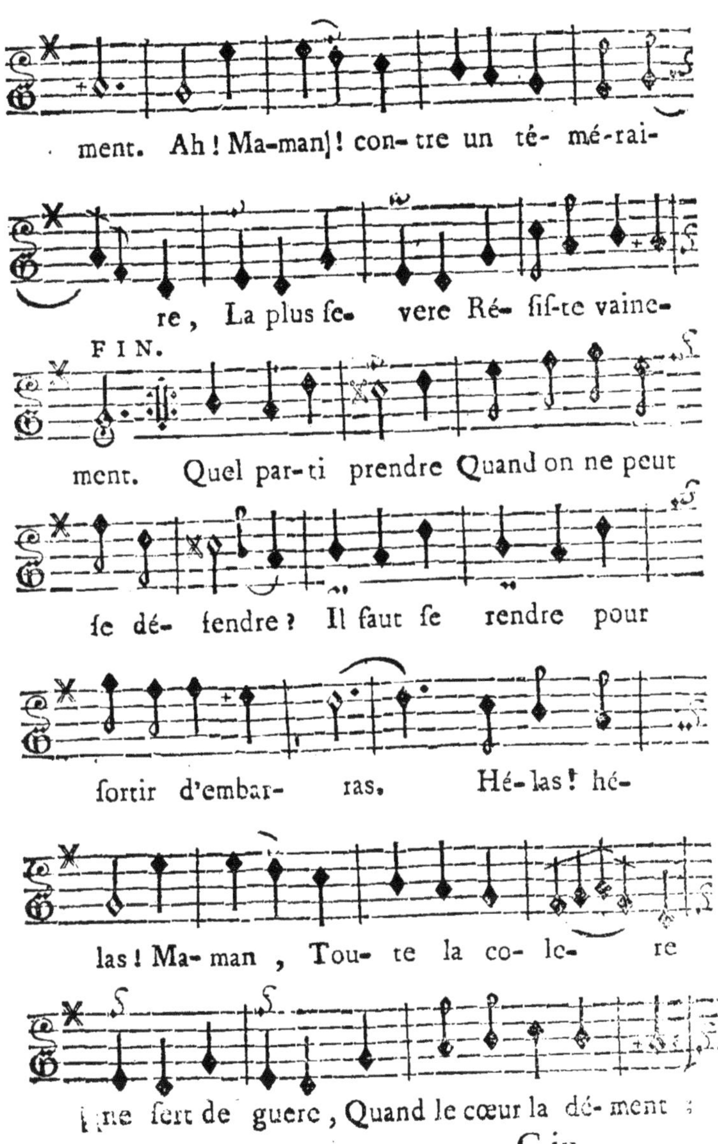
ment. Ah! Maman! contre un té- mé-rai-
re, La plus se- vere Ré- sis-te vaine-
FIN.
ment. Quel par-ti prendre Quand on ne peut
se dé- fendre? Il faut se rendre pour
sortir d'embar- ras. Hé- las! hélas! Ma- man, Tou- te la co- le- re
ne sert de guere, Quand le cœur la dé- ment:

SCENE XVI.

PETRINE, Mlle. L'ECLUSE, CANICHON.

PETRINE.

Mlle. L'ECLUSE.

Air : *Trinque, trin &c.*

Non, je viens ici, chere petite,
Pour vous conſeiller fort ſagement.

CANICHON.

Pour venir ici plus vîte
J'ons abregé not' roman,
Eh! trinque, trinque, trin, permettez que tout de ſuite
Nous vous faſſions not' compliment.

CANICHON, Mlle. L'ECLUSE.

Air : *Allons donc, Mademoiſelle.*

Aimez donc, belle Petrine,
Aimez donc
Monſieur Flamron.

CANICHON *ſeul.*

Ne r'gardez pas à la mine,
Songez qu'c'eſt un bon luron.

ENSEMBLE.

Aimez donc &c.

CANICHON *seul.*

Sa face n'eſt point poupine,
Il n'a point d'joli jargon.

ENSEMBLE.

Aimez donc &c.

CANICHON *seul.*

Mais l'amour qui le domine
En lui parle, tout de bon.

ENSEMBLE.

Aimez donc &c.

PETRINE

En vérité, Mademoiſelle; je ſuis étonnée que vous me donniez de ſemblables conſeils; mais puiſque M. Flamron ſçait ſi bien aimer, pourquoi n'oſe-t-il parler lui-même? Eſt-ce qu'il ne m'a enlevée que par timidité, & me laiſſe-t-il là par attention.

Mlle. L'ECLUSE.

Non, c'eſt pour nous donner le temps de chanter quelque choſe; mais le voici, nous vous quittons.

PETRINE.

Je vous ſuis, j'ai trop peur.

SCENE XVII.

PETRINE, FLAMRON.

FLAMRON.

Air : *Menuet Anglois.*

ECoutez-moi donc.

PETRINE.

Non.

FLAMRON.

Entendez raiſon.

PETRINE.

Non.

FLAMRON.

Parlez-nous, j'vous prie,
Sur un autre ton.

PETRINE.

Non.

FLAMRON.

Vous avez de l'ennui.

PETRINE.

Oui.

FLAMRON.

Je s'rai vot' mari.

PETRINE.

Fi.

FLAMRON.

Recevez, ma mie,
Mon cœur & mon bien.

PETRINE.

Rien.

FLAMRON.

Mettez vot' main là.

PETRINE.

Da!

FLAMRON.

Qui cause ç'dégoût?

PETRINE.

Tout.

FLAMRON.

Je perdrai la vie
Loin de vos beaux yeux.

PETRINE.

Tant mieux.

FLAMRON.

Je suis surpris que vous ne vous plaisiez point chez moi.

PETRINE.

Oui, ce qu'on y voit est fort amusant.

FLAMRON.

SI cet asyle est sombre, Il est fait pour l'A-
L'A-mour préfe-re l'ombre A la clarté du

Deuxiéme Couplet.

Ce bois qu'on voit s'étendre
Nous ſert de paraſſol ,
On va la nuit entendre
Le chant du Roſſignol ;
On cueille des noiſettes
Au fond d'un bocage épais ;
Pour prendre des fauvettes ,
On cherche des boſquets.

PETRINE.

Air : *Je ſuis pour les Dames , moi.*

Non , non , tout ça ne peut me ſatisfaire ,
Qu'on me rende à Maman ,
Elle m'attend.

FLAMRON.

Il ne m'importe guere.
Vous êtes bien enfant !
Tout mon emploi
Sera de vous complaire.

PETRINE.

Je veux voir ma mere, moi,
Je veux voir ma mere.

FLAMRON.

ARIETTE de Ninette à la Cour : *Maudite race.*

De ma poitrine,
Belle Petrine,
De ma poitrine,
L'Amour
A fait un four ;
Le feu s'allume
Avec tant de chaleur,
Qu'il me consume.
Le Diable a pris mon cœur
Pour un enclume,
Qu'il frappe à chaque inſtant :
Et pata, pata, pata, pata pan,
Donnez ſoulagement
A mon tourment,
A mon tourment.

De ma poitrine,
Belle Petrine,

De ma poitrine
L'Amour
A fait un four ;
Le feu s'allume.

PETRINE.

Allez l'éteindre ailleurs.

FLAMRON.

Il me consume.

PETRINE.

Je ris de vos ardeurs.

FLAMRON.

Donnez soulagement
A mon tourment.

PETRINE.

Ah ! quel supplice !

FLAMRON.

Ah ! quel délice !
Quand on se rend.

ENSEMBLE.

PETRINE.

Tout beau, tout beau, finissez donc,
Je n'entends point raison.
Je ferai le dragon,
Je ferai le démon ;
Mon cœur commence à se troubler.
J'veux m'en aller,
J'veux m'en aller.

FLAMRON.

Ah ! quel tein frais !
Quel œil fripon !
Quel petit air mignon !
Ah ! le joli tendron ? (*bis.*)
Peut-on la voir sans se troubler ?
Je m'sens brûler,
Je m'sens brûler.

FLAMRON.

Air : *Tarare ponpon.*

Fussiez-vous, mon trognon,
Mille fois plus sévere,
Vous changerez de ton.

A la cantonade.

Amis, accourez donc,
Et quittez toute affaire.

PETRINE.

Craignez de m'offenser,
Que prétendez-vous ?

FLAMRON.

Faire
Danser.

Air : *Lan farira don daine, bon.*

V'nez la divertir,
Gentils camarades,
Et pour l'attendrir
Faites des gambades,
Gué,
Farlarira don daine, bon ;
Farlarira don don.

(*Danse des Forgerons, des Bucherons & Bucheronnes.*)

SCENE

(On danse en même tems que Flamron & Petrine chantent l'air suivant.)

Flamron.

ger. Cedez, en sui-vant la mode.
On peut s'ar- ran- ger. Sans &c.
ENSEMBLE.
Flamron.
QUoi! mes pei- nes Près de
Petrine.
VOs offres sont vaines, Monsieur, vous per-
vous sont vai-nes! N'est- ce rien Que
dez vos peines, Votre bien Pour moi n'est rien,
mon cœur & mon bien! Cessez, ces-
n'est rien, Ces-

ſez, ceſ-ſez, ceſ-ſez de vous
ſez de me contrain- dre, Je dois
plaindre; Un a- mant Vaut mieux qu'une ma-
craindre; Ah! vraiment, J'ai trop peur d'un a-
man. Dans nos bois Tout
mant. Mil- le fois Faut- il vous le re-
ſuivra votre em- pire, Faut-il le re-di-re
di- re? He-las! quel marti- re! Je ſuis

FLAMRON.

Pourquoi retarder
Le bonheur de la vie ?
Oui, oui, votre cœur doit céder:
Doit-on le garder
Quand on eſt ſi jolie ?
Non, non, il faut bien l'accor-
[der.

PETRINE.

Je voulois garder
Mon cœur toute ma vie :
Ah! ah! Maman va bien gronder.
Dois-je l'accorder ?
C'eſt contre mon envie ;
Mais, mais je ſens qu'il faut cé-
[der.

SCENE XVIII.

PETRINE, FLAMRON, Mlle. L'ECLUSE, CANICHON, *ſuite de Flamron.*

CANICHON.

Air : *A boire, à boire, à boire.*

ALERTE, alerte, alerte,
Prévenez votre perte,
Le Procureux Fiſcal pretend
Ravoir Petrine dans l'inſtant.

FLAMRON.

Oh ! oh ! mes amis, ceci devient ſerieux : il faut paſſer de la danſe au Conſeil.

Air : *J'aurai une robe.* Canon.

Çà, que l'on opine :
Rendrons-nous Petrine ?

CHŒUR.

Eh ! bon, bon, bon !
Eh ! non, non, non.
Jarnidienne,
Qu'on y vienne,
Et flon, flon, flon,
Nous ferons carillon.

FLAMRON.

Air : *Lucas, pour ſe gauſſer de nous.*

Le Procureux Fiſcal ſçait bien
Qu'ici l'on ne rend rien,
Et je garde Petrine.

CANICHON.

Il envoye avec des ſergens
Ses gens, ſes gens ;
Ils ont tous la mine
Mutine,
Mutine.

FLAMRON & Mlle. L'ECLUSE.

Oh ! { je me ris / l'on ſe rit } de ſon pouvoir.
Pour la ravoir,
Il faut que l'on bataille.
{ Hâtons-nous / Hâtez-vous } de faire du train,
Allons, allons,

Amis, frappons, tapons, } cette canaille,
Frappons, tapons, frappons }

AVEC LE CHŒUR.

Chaſſons, roſſons,
Tapons, frappons,
Chaſſons, roſſons à grands coups de gourdin.
Chaſſons, roſſons,
Tapons, frappons,
A grands coups de gourdin.

Le Théâtre repréſente un Village.

SCENE XIX.

Madame PAINFRAIS, *ſuivie d'un* TAMBOUR *& d'un Afficheur qui porte une échelle & un paquet d'affiches ſur leſquelles on lit en gros caracteres* : BIJOU PERDU.

Madame PAINFRAIS.

Air de l'Opera : *Deſerts écartés, ſombres lieux.*

MA fille n'eſt plus ſous mes yeux,
Hélas ! tout redouble mes craintes :
Tandis qu'ici je fais des plaintes,
Un raviſſeur peut-être ... ah ! Dieux !
Ma fille n'eſt plus ſous mes yeux,
Hélas ! tout redouble mes craintes.

Air : *Nous nous marierons Dimanche.*

J'en veux avoir raiſon,
Oſe-t-on
Me faire de ces niches ?

Que l'on imprime exprès
Des billets ,
Nous ne ferons point chiches
Pour les frais.
Qu'on aille à l'inſtant
Mettre ma chere enfant
Dans les Petites affiches.

[*On bat de la Caiſſe & l'Afficheur va poſer ſes affiches*]

LE TAMBOUR.

Air : *N'avez-vous pas vû l'horloge?*

N'avez-vous pas vû la fille
De la Commere Painfrais.

Madame PAINFRAIS.

C'est l'espoir de ma famille,
Allez tous courir après.

LE TAMBOUR.

On aura pour récompense
Dix écus & les dépens.

Madame PAINFRAIS.

Courez donc en diligence,
Ah! peut-être il n'est déja plus tems.

(*Le Tambour sort en battant la Caisse.*)

SCENE XX.

Mme PAINFRAIS, Mlle. L'ECLUSE, CANICHON.

Mlle. L'ECLUSE.

DE la joie, de la joie, Madame Painfrais, nous venons vous dire des nouvelles de votre fille; c'est M. Flamron, l'Entrepreneur des Forges, qui l'a enlevée.

CANICHON.

Oui, consolez-vous, vous ne la reverrez plus.

Madame PAINFRAIS.

AIR : *Tout est dit.*

Le Procureux Fiscal endure
Tranquillement cet attentat !
Il permet qu'on nous fasse injure !
Il est donc bien peu délicat.
Lui qui devroit protéger ma famille,
Peut-il souffrir qu'un traitre, un scélerat
M'ôte ma fille !
Ah ! l'ingrat !

SCENE XXI. *& derniere.*

Les Acteurs précédens, BONAVENTURE.

BONAVENTURE.

HOé, hoé, hoé, rassurez-vous ; je viens vous annoncer le retour de Petrine ; M. le Procureur Fiscal la marie à M. Flamron.

Madame PAINFRAIS.

Sans mon consentement !

BONAVENTURE.

Air : *Chacun à son tour.*

Cette fille qui vous est chere
Sera six mois chez son époux,

Les autres ſix mois chez ſa mere ;
Ainſi l'on vous accorde tous.
Ma commere, ainſi la paix eſt faite
Entre la Nature & l'Amour
Chacun à ſon tour
Liron, lirette,
Chacun à ſon tour.

Madame PAINFRAIS.

On prétend que je donnerai ma fille à un Forgeron ? C'eſt unir le blanc au noir.

CANICHON.

Bon ! bon ! ma commere, vous aurez des petits enfans panachés.

BONAVENTURE.

Air : *Ah ! Maman, que je l'échappé belle.*

Elle vient.

Madame PAINFRAIS.

Ah ! ma fille.

PETRINE.

Ah ! ma mere.

Mlle. L'ECLUSE.

Soyez tous d'accord.

Madame PAINFRAIS.

Quel heureux ſort !

FLAMRON.

Plus de colere.

Madame PAINFRAIS.

Ah ! mon gendre, ah ! ma fille.

FLAMRON & PETRINE.

Ah ! ma mere.

CANICHON.

Chacun eſt d'accord.
Voilà les amours à bon port.

Madame PAINFRAIS.

Allons, mes voiſins, mes voiſines, venez danſer à la nôce de ma fille.

CANICHON.

Je viens vous les amener.

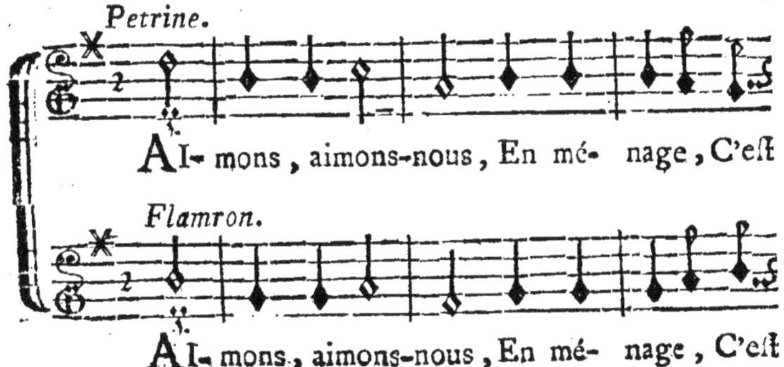

un avan- tage, Aimons, aimons- nous,

un avan- tage, Ai- mons, aimons- nous,

Et ſer- vons d'exemple aux é- poux.

Et ſer- vons d'exemple aux é- poux.

Flamron.

MOn a- mour n'eſt point pré- coce, Il com-

mence par la fin, Mais s'il n'eſt pas de la

noce, Il ſe- ra du lende- main. Aim. &c.

Mlle. L'Ecluse.
ON aime bien peu, Quand on sou- pire
Son mar- tire : Un cœur plein de feu
Petrine.
Par ses transports en fait l'a- veu. MAman,
ce n'est pas ma faute, Mon cœur s'est bien
dé- fen- du. La- li- ber- té que l'on m'ôte
Mlle. L'Ecluse & Canichon.
Sert d'ex- cuse à ma ver- tu. Des tendres
sou- pirs, Le ma- ri- a-ge Dé- dom-

mage : L'on gagne en plai-ſirs Le tems que

l'on perd en de- ſirs.

Mlle. L'ECLUSE.

Ah ! de la plus ſcrupuleuſe
L'Amour ſçait venir à bout.
On eſt encore trop heureuſe
Quand l'Hymen répare tout.

Des tendres ſoupirs &c.

FLAMRON & PETRINE *avec le Chœur.*

{ Aimons, aimons-nous, &c.
Aimez, aimez-vous, &c.

DIVERTISSEMENT.

CANICHON.

Gare, gare, place à la danſe.

(On danſe.)

VAUDEVILLE.

FLAMRON.

Madame PAINFRAIS.

L'amour tendre & circonſpect
Laiſſe échapper la victoire ;
Plus d'amour, moins de reſpect,
Du triomphe on a la gloire :
Un cœur foible eſt bientôt rendu,
Quand on le ſurprend à l'impromptu.

Mlle. L'ECLUSE.

D'un amant rempli d'ardeur,
J'ai longtemps craint la pourſuite ;
J'avois tort ; car le bonheur
Jamais n'arrive aſſez vîte :
Je regrette le temps perdu,
Et je le répare à l'impromptu.

ROBINETTE.

Le matin ſans amoureux,
Le ſoir vous voilà Madame ;
Flamron, d'un ton langoureux,
Ne déclare point ſa flâme :
Avec lui point de temps perdu,
Il devient Epoux à l'impromptu.

PETRINE.

Si l'hymen eſt un bonheur,
Pourquoi nous le faire attendre ?
Nous naiſſons avec un cœur,
L'avons-nous pour le défendre ?
C'eſt un bien pour notre vertu,
Quand l'hymen arrive à l'impromptu.

AU PUBLIC.

Meſſieurs, n'allez pas peſer
Gravement un badinage ;
On cherche à vous amuſer,
On n'en veut pas davantage :
Si notre zele vous a plû,
Applaudiſſez nous à l'impromptu.

FIN.

J'AI lû, par ordre de Monſeigneur le Chancelier, *Petrine*, *Parodie de Proſerpine*, & je crois que l'on peut en permettre la repréſentation & l'impreſſion. Ce 6 Janvier 1759. CRÉBILLON.

Le Privilége & l'Enregiſtrement ſe trouvent au nouveau Théâtre de l'Auteur.

248

www.ingramcontent.com/pod-product-compliance
Ingram Content Group UK Ltd.
Pitfield, Milton Keynes, MK11 3LW, UK
UKHW022131260726
13993UKWH00003B/1378

9 782329 595245